RECUEIL DE POÈMES

ULYSSE ARGOUD-PEREZ

LAITS ET EAUX

2019-2023

©2024, Ulysse Argoud-Perez

Édition : BoD • Books on Demand GmbH, In de Tarpen 42,

22848 Norderstedt (Allemagne)

Impression : Libri Plureos GmbH, Friedensallee 273, 22763

Hamburg (Allemagne)

ISBN : 978-2-3225-2513-3

Dépôt légal : Août 2024

C'est un conte, par lequel je veux terrasser le vieux monstre de l'impuissance [...]

Stéphane Mallarmé à Henry Cazalis

Laits ! Eaux d'innutrition !

Vous m'enfantiez dûment épars,

à la recherche de moi-même...

Prologue

Antiques

Puis chacune se disant vaincue, a pris son amie par les oreilles comme une coupe par les deux anses, et, la tête penchée, a bu le baiser.

Pierre Louÿs

L'esquif est frêle ; la quille gâtée d'eau fleure un parfum étrange. Le nénuphar gonflé de remous joint à l'exomide du soldat un renflement délicieux. J'aperçois parmi les algues un cyprin qui s'égaie ; je me penche et je manque de tomber, n'étaient les tolets pour me retenir. Non loin, un gué me fait accoster où attend un satyre. Je ne l'ai jamais vu. Sa stature est haute et son regard est bleu. Ses muscles noueux ont la brillance de l'écorce mouillée au matin. Il me regarde. Une empreinte laissée dans le sable semble une aisselle transie d'amour. Une fuite ? Il sait que je regarde la trace. Peut-être une naïade. Il sait et une vigueur nouvelle souffle à travers le bois et les arbres saillis par la sève déploient leurs branches.

La berge

Salmacis l'ambiguë se cache dans les feuillages. Le lentisque sur ses joues ajoute en rousseurs et l'inquiétude dessine des sourires sur son front.

« Ne défais pas le roseau ! car n'est épars que ce qui connut l'étreinte. Que te sert-il de débobiner ? Ton chemin est trouvé. Là, écoute cette heure aimant à assembler. » Hermaphrodite confondu s'effare. Il n'ignore pas qu'une pluie dissoute dans la terre donne un arbre uni.

L'androgyne

L'olivier robuste travaille en secret le vestige ; l'eau s'enquiert du marbre ; le cyprès s'éveille.

Tu ne t'es jamais sevré de la lumière du jour, ô Paros ! L'herbe molle jamais n'a failli à te conserver de la fraîcheur et le jasmin jamais ne t'a privé de sa candeur.

Ô Paros ! La brise, encore et pour toujours, t'intime les chansons des rades. Les neiges éternelles, les voici toutes dans ton socle ! et les isthmes, belles géographies, les voici tous dans tes arceaux !

Ô Paros ! Solennité des chemins ! Ô blancheur parcourue d'air limpide !

Solennité du Paros

Je le vis saillir la source moins jaillie que sa force. Je le vis agiter des mues de serpent et je le vis s'en faire des colliers. Je le vis presser la grappe et délier le pampre. Je le vis mordre le lilas, la menthe et le laurier vénéneux. Je le vis se blesser au rude asphodèle et je le vis se meurtrir aux écorces. Je le vis fendre les ruches et dérober le miel. Je le vis fouler le jasmin et tacher les berges. Je le vis crever l'outre. Je le vis invraisemblablement cambré. Je le vis mourir.

Je le vis…

Vous

Il ne faut jamais craindre d'imiter.

Maurice Ravel

Une tubulure aspire au ciel.

Haut dans les gâbles,

des moelles d'air bleu

se tapissent

et gargarisent la fleur d'aboi

des gargouilles.

        L'air est une graminée

expectante ce soir.

        Une luciole s'étonne

au passage de la procession

groupée en une ponce

où bourgeonnent les milles bulbes

des veilleuses

        couleur de lait.

J'irai à l'hommage :

par les sentes,

les petites sentes...

Aux tentatives de locher

les cimes pour en faire tomber

– Fruit inexpugnable – la lune

qui produit sur les profils

des camées ;

j'irai à l'hommage.

Debussy

Adjoignant la vanille au lait,

dans une tasse enduite d'émaux,

une crème d'agate plisse le bout de son nez,

et fumante,

enroule son mince filet autour de l'anse.

Ton oreille s'en ferait une boucle appropriée.

J'élève les yeux.

Tes yeux.

Tain lanciné

d'ondes

Ciel

Entends les volets battre le ciel,

et les croisées...

les croisées...

La tendre aulofée.

Fabergé

Les topiaires rondes

amorties de couchant,

mauves mollesses doublées

de halos troubles

abolissent clepsydres

      et jours clivants.

   La nuit mitige les rigueurs

des boulingrins et les roses,

recueillies,

veillent sur l'

   équanime vasque,

moule formé sur un sein de lune.

Le Sidaner

Fuller, nacre enlevée, Fuller,

Où surviennent les bras d'ivres emmanchures,

– Spadices émergeant de l'arum – ,

L'air qui s'engouffre fait jaser les coutures ;

Cabale à toi-même fuyante, déploiement lové,

Et vertébré de ciel, je te peux maintenant jurer

Connaître...

Loïe Fuller

Sonnets et autres « rigueurs »

Tout bourgeois veut bâtir comme les grands seigneurs.

Jean de La Fontaine

Non plus ⌢ J'abdique ! Couronne de soi-même !

Naufragé je suis tant d'autres : petit sacre

Qui n'emporte avec soi nul or, nulle gemme ;

Mât parmi les mâts pour tes grands ambulacres

Des cimetières d'épaves funèbres

Où trottent de vilains mâcheurs sans vertèbre.

Conséquence

J'ouvre ; je ferme les yeux.

Le jardin fleure la rose

Tendre. Ma paupière est close

Mais me conserve des cieux

– À naître sous le pli frêle,

Un regard impérieux

Cachément innerve un Dieu – ,

Fuites foliées d'ocelles

Rieurs, follets ou flammèches

Lovés par-delà... labiles

Tout à fait et que pourlèche

L'exhumation nubile

De l'inconnu ⌒ Le sang preste

Se pratique des langueurs

De sirop roux, et du reste –

Commençons ! triste Torpeur :

Des flots précieux l'Essence !

Source proscrite aux séides,

L'éphémère nitescence

Concerne une thébaïde !

L'Œil, mirant son au-dedans,

Tremble l'anadyomène

Découture de l'instant

Sans pendule pour gumène.

Tête ballante, tu bâilles.

Mais saches pourtant un sein

À couver le ciel ; c'est un

Lampadophore d'entrailles

Qui te parle et t'illumine !

Des tréfonds très confondus

La royauté déperclue

S'espérant : biens, smaragdine,

– Comme dans son trou l'érèse

Pare le logis d'élytres –

Le soupçon que d'humbles titres

Se complote là, Genèse...

Persistance rétinienne

Pleine Eau ! Pleine Eau !

Que se délave

Votre carène

Un vol, un saut !

Empennez mâts

Et beauprés graves,

Ici, là-bas,

De mers lointaines.

Azur des ventres !

Loi ! mais sans prise,

Raconte l'antre

Des chères mises.

J'irai loin, loin...

Des yeux de khôl

M'auront des soins

Appropriés,

Et des alcools.

S'il m'arrive

Sur l'absence

D'une rive

– L'Avenir ? –

Par l'essence

De périr,

Il me reste

Un sang preste

Tout levé

D'océan

Secondé.

L'œil s'y crève

D'un couchant

Sur la grève,

Centripète

Dans l'onde,

La luette

Des mondes.

Ah ! que dis-je !

Ah ! que fais-je !

Que s'érige

Ou s'allège.

Tallipots

Sans pareils

Sous les lances

Du Soleil

Est un mot

Qui fait sens ? – ! –

Je ne sais

Je ne sais...

Tu me sais.

Eau ! pleine Eau !

Carillonne !

Sur les squames

Ton flambeau

D'amalgame

Est à l'aune

De...

                              À l'aune De...

Je me vois irrigué

Ainsi dans une orange

Flambant d'ignées fraîcheurs,

Le chant d'une mésange

Parvient, juste percée,

À crever l'énième heure.

Vois sur ce front troublé :

Le pur soleil aux grasses

Salures mordorées...

Vois comme se plissant,

Ce front est une voile

Que l'on ferle, si lasse

De ce trop peu de vent

Qui encadre les toiles.

Et tel foin d'or rétif

Aux meules mais encore

Enchaîné aux galernes,

Il est un esprit fort

Qui réussit, festif,

Un sursis de lanterne.

Rhizome

Cloyère en main,

Vincenette par

Un clair matin

Croque un nénuphar.

Lorsque la butte

Goulûment dans le sable

Se fond, les gables

Hauts dans l'azur affûtent

Les diligences

D'air et de parfum d'eau.

Coquelicots,

Bleuets, et vous astrances !

Cœur de Rimmel,

Pelotes à épingles,

Faites donc belle !

Vincenette qui cingle

Pour d'autres mers,

Quelque Orient

Se désaltérant ;

Ô Vie ! viagère...

Demi-impair fantaisiste

Rose lippue

Et lippue rose.

Une main d'air,

Emprunt des nues

Grises, suppose

Ta faim d'éclair.

Sais-tu qu'attendre,

Ainsi turgide

Armée d'épines,

Libère tendre

Une babine

Jadis livide ?

Suspens

Regard déjoué d'un prisme,

De deux orbes joints ceignant

Et ceci toujours sur l'isthme

De la taille recentrant

– Muette panse impassible,

Courbure asymptomatique – ,

Calebasses divisibles

En maints guignols exotiques.

Folle aiguille

Ta vision accablée de lumière grise

Est retenue par tes cils qui l'emmaillent, prise.

Tu entends les pampres fredonner les abeilles,

Et tu entends les pins et le pollen grouillant,

L'or diurne dodeliner aux bassins, sans

Qu'y paraisse troublé le reflet de la treille.

Le cyprin qui s'éveille, rouge et d'or, s'étonne

D'être de l'onde, qui, comme portant la plume,

Doucement, contre les marges de marbre, sonne.

Et d'un brusque revers soleilleux, paralumes

Et incandescentes babeurres, tout à coup,

Ignorant combien est porté vif en leurs flots

L'éclat de deux lèvres jointes en un bijou

De chair savoureuse, sourdent des piédestaux.

Sonnet d'Eaux

C'est un clair cristal bouillonné de fleurs de verre,

Obtenant de glace le délien des chairs.

Des gouttes de sang ruisselant en pendeloques

Graissent les vases vert d'eau que bientôt disloque

Un trop peu d'attention. Ô prisme ! Ô brisures !

Ô de voir ce sang rouge ardre hors ses clôtures !

Éclose en la pure blessure vendangée,

Sombre, éclatante, la rose coagulée !

Le Maître, Grand, Talent, du seul souffle rénove

La pâteuse fusion, feu, ardeur de miel

Dont un drap mouillé se fit une peau de fiel

Craquelante et fumeuse : ceci pour qu'innove

Et forme, docte du geste, instruite, la paume

Caresseuse qui songe de verre le somme.

Sonnet de Murano

Aux bouillons des soies nitescentes, sous les oves

Rechampis, les corniches de stuc et l'ouvrage

Des trumeaux d'or dans lesquels les reflets se lovent,

Tu flânes, pince-sans-rire, mais en fait sage.

L'arche trop franche corrigée par les velours,

Les chapiteaux dorlotés par les paralumes,

Et les fers tendres, les rampes fleuries d'agrumes :

Tout tenant d'exquise surdité et d'Amours

Petits diamantant les profondes tentures

Repose sous le fleuve des verrières, dives

Galeries de ciel, nappes croupies de lumière.

Un instant encore, l'on croit voir des jointures,

Sourdre des abandons melliflus dont s'avivent

Les patines vertes, joyaux travaillés d'hier.

Sonnet du Bonheur des Dames.

Tressaille après luire !... Et c'est comme si tout

S'employait de guérir la cave lavande :

De mains invitées aux balustres brûlants

Aux crépis rudes et fort sourds allaitant

De pics les rages du soleil, et le sou

Puant, et la poudre tirée de l'amende.

Il y a l'alêne aussi pour percer ce cuir !

Grenu d'une tournure violacée

Expectant la fonte du petit sommeil,

Déficit levé de ce qu'a pu cotir

L'huile tremblante à travers les cils serrés,

Délicat désordre de sève vermeille.

Cernes

Peu sûr de ce blanc balustre

Pour se prémunir d'un risque,

Veux-tu meurtrir le lacustre

Bourg pour si peu de lentisque ?

L'acrotère élance son

Dé rose. Sur l'océan,

Les oliviers pleins de sons

Balancent leurs fûts brillants.

Jardin jeté à la mer...

Contrée d'huile et de pressoirs,

Vos vins lourds et doux-amers

Fument tels des encensoirs.

Ah Vigne ! Languide ! Grappes

Œuvrées de soleil ; rubis.

Les palmes blessantes lapent

L'air par lequel rechampis,

Les hauts talipots élèvent

Des gîtes de douceur, blanches

Averses poissées de sève

Sur les oponces étanches.

Hanbury

Frange d'eau tressaillie,

Pongé clair, délicat,

D'avant rompre dans la

Lutte avec les chablis,

Sur la roche ajourée

De serliennes lisses,

Laisse choir tes jets bleus,

Sonnailles tempérées,

Et qu'ainsi, de vibrisses

Tout munir, et de feux

Logeant dedans les gouttes,

Puisses-tu t'alentir...

Exhausseuse de macles,

Pâle lange des voûtes.

Lors, d'eau pure et de vent

Tirant fuyant pinacle,

Tâches-tu de fléchir,

Rompre enfin, doucement

Imprécise ; hagarde

Retombée qui hasarde

Sur l'étoffe flammée

Et tendrement fleurie,

La décalcomanie

D'un pétale mouillé.

Cascade

La neige fait surcroître le marbre

Et panse les plaies du vif porphyre ;

Avant-hier encore, sous les arbres,

Les abeilles concoctaient la cire

Jaune et mièvre ; le parc chantait l'eau,

Et c'est tout juste si les bassins

Fraîchissaient, et si les boulingrins

Gelaient sous le siège des ruisseaux.

Mais aujourd'hui, prognathe de glace,

La vasque fige son deuil concave,

De froid, le pot éclate et se casse,

Et la sève se retire, suave

Promesse aux carrefours de la treille

Qui arborait des nattes vermeilles.

Sonnet élégiaque

Le marbre, gaine de lait,

Enclot l'azur roucoulant

De la source. Le cyprès,

Le platane et l'if dormant

Font des jets et des fontaines

Plus que l'eau n'eut jamais fait.

Là-bas, sous l'étrange dais

Des feuilles devineresses,

Déméter aux moissons saines

Et Diane chasseresse

Semblent prendre les auspices.

Gravée là, dans l'encolure

D'airain, parmi les coulures

Des patines, vague indice :

Le nom d'un dédicataire.

Qui fus-tu et que fis-tu ?

Sur ce vieux banc vermoulu

Là-bas t'étais-tu assis ?

Maladroit thuriféraire,

La brume n'est qu'éphémère :

Tu n'es plus langé d'oubli.

Alors ? Muse ? Inspirateur ?

Fier poseur ou bien rêveur ?

Pour sûr, les joncs longs et minces

Tressaillaient à ton approche

Tels qu'ils le faisaient sous la

Pluie, ô gésine de cloches ;

Soins... Et la vasque où se rince

Le colvert soyeux, berceau

De soleil où susurra

Le premier regard de l'eau,

Désormais s'épanche en vertes

Clameurs et limpides pertes.

Chant des arbres et des bassins

Le fruit délicieux se fond...

Résolvant en gemmes d'or pur

La chair gâtée de ses cloisons,

À même la branche il suppure.

Hâte ! Capiteuse ! Vos gommes

Fumantes emplissent les seaux,

Et d'elles, mièvres qui assomment,

– Dans l'azur baigné de langueurs – ,

S'exhalent de troubles vapeurs.

Citrons et cédrats, régals d'eau !

Au zeste acerbe du morfil

Opposez le zeste nouveau

Et parfumé ; et qu'en des gerbes

De soleil, tendrement dans l'herbe

Où serpente, louvoie et file

Un mince ruisseau bleu, verdissent

Vos petits jours, tels de vieux bronzes.

Le marbre s'endort, jailli, lisse ;

La margelle ébréchée s'apaise ;

La nuit qui vient, arrêtée, lèse

Les éclats et les beaux reflets ;

L'ocre gueule du mufle bronze

Au soir tombant, déjà réglé ;

Une rose ploie sur le jet.

Verger

L'olivier robuste

Travaille en secret

Le vestige, auguste

Souvenir, fronton,

Arceau ou limon.

Le bloc effrité

Paresse au soleil,

Crue solennité ;

L'eau s'enquiert du marbre,

Le cyprès s'éveille.

À l'abri des arbres,

Un chemin épeautre

Mène, doucement

Déclive, à un cotre

Tout petit et blanc :

Une découverte

Faite déconcerte :

Clarté émergeant

Du mince sillage

– Fugitif andain – ,

Façonné dans un

Marbre de Paros,

Figure sans âge :

Un svelte kouros.

Grottes de Catulle

Dans le verger où bruit

Le regard bleu du faune,

Circonspecte Pomone

Considère ses fruits.

– Le boulingrin ordonne

L'allée blanche qui suit

Un petit ruisseau jaune

De pollen et qui luit. –

Non loin, belle Erigone

Discipline sa vigne,

Observe à tailler cônes

Et triangles sa digne

Amie. Glissant aphone,

Le jeune ægypan guigne

Leurs jeux ; trop fort ronronne,

Par malheur donne signe

De sa présence. Lône !

Traître qui trahit d'ondes !

Les nymphes s'époumonent

Et plongent, furibondes.

Dans le verger où bruit...

Svelte tourterelle, lauréate de l'air,

Aux toitures térébrantes, ta nichée bistre,

Indélogeable par l'ouvrière main même,

– Svelte tourterelle, lauréate et puis mère ! –

D'infécondes brisures fait jouer d'un cistre.

Et s'ancrent pour moi les bois, là où tu les sèmes.

Sizain de la tourterelle

Vénitiennes

Dites : «Venise », et vous croirez entendre comme du verre qui se

brise sous le silence de la lune…

Henri de Régnier

Écho smaragdin –

Des langues de brume

Le felze tirant pudeur,

Thébaïdes par le flot dérobées,

Subrepticement appareillent.

Écho céruléen –

Une laque d'Azur essange les marbres.

Des cantonniers arrosant

Le pavé,

Les pilastres subodorent l'onde,

Saillies plus franches, plus promptes.

Écho améthyste –

Chopes, hanaps,

Mouchoirs à mèches... Qu'importe !

Emplissons !

Les réverbères ont soif :

Écho incandescent –

Échos vénitiens

Zattere...

Promenoirs, passages,

Veines séculaires !

Les vagues menues sonnent

contre vos marbres et le ciel

amerrit, tuméfié de nuages noirs,

langeant vos ponts qui figurent des oreilles

     couchées sur la rive.

Allons ! jusqu'à la Dogana !

  Fanal est la Palla d'Oro,

  Proue la Punta.

Saint-Marc triste élève son campanile,

  profusion prise dans la pierre,

  surplomb de flancs rouges

  sur les crèmes dogaresses.

En te souhaitant déperclus !

  qu'on ne t'eut pas même retenu

  avec les Procuraties ; solidités.

      De Dorsoduro à Saint-Marc

Ô Venise ! Miracle de prismes !

Toute d'incandescence et de clarté !

Des nichées de soleil logent

        dans les quatre-feuilles de la Ca d'Or.

        Pampre est le remplage

        Et tonnelle la loggia.

Ô pari insensé ! Ô toi Venise !

Divine de toujours !

    L'azur ne connaît pas dômes plus éclatants.

Ô Grand Canal ! Laisse reconnaître son image au

Passant ; prolonge encore un peu le deuil de son reflet.

              Lumière

Aparté : Brise Marine

[...] et qu'un plus large souffle en nous se lève, qui nous soit

comme la mer elle-même et son grand souffle d'étrangère !

Saint-John Perse

J'étais au bout ; derrière moi, l'étai comme une corde raide balançait mes derniers équilibres. L'océan s'enflait, gros d'un vent en gésine et les nuages déployaient leurs goitres, fièrement, comme plastronnant. Un couchant toutefois jurait avec le cirque anthracite, d'un fanal triste et barbouillé d'une locomotive qui par un matin pluvieux sort du hangar. Et c'est comme cingler ! aptère mais provisoirement ailé, vers... ; toucher presque, mineur, de la grande hune près de rompre, les fiévreuses promesses de ciel.

Mais de part et d'autre, comme d'acides fanons, des crêts d'eau s'élèvent, aux allures de couteaux, et la combe improvisée chute dans un aboi glorieux de fin des mondes...

Haleur ! Haleur !

De petites méduses viennent amortir leur bonnet prune contre l'extrême limite de ces dissolutions où se lutinent l'un l'autre l'Azur et la mer, avant de, retenues par un ressort diapré, resombrer dans l'échine des échos bleus jusque nivelant; ludions.

Haleur ! Haleur !

Ma prise est l'écume.

Miniatures

Je regarde au-dehors et en moi grandit l'arbre

Rainer Maria Rilke

Probe : une éphéméride

de moite salon rougi

de clameurs fades

souffletait – tout juste un battements de cils –

la bedonnante baderne,

    picrocholine chattemite.

                    Miniature I

La plate révolution

de cyclique énoncé étreignant

la grappe à borborygmes

tantôt délaie

tantôt cramponne

    la foire des foires.

                Miniature II

S'alentir mitigé –

Du seul algide réverbère

La flamme bleu-minime

Retroussant

Son peu de vacillement,

Lors même refleuri

D'un feu soudain,

– Béjaune dans sa cage,

Triste provision –

Clair-décline

Infiniment.

Miniature III

Elle pardonne. Elle aime.

    La chevelure versée,

    Clythie répandue,

Dans l'or tendre de ses rayons,

    Cavant ce qui ferait nid,

Comme ainsi le grenat s'y contient,

    Ceint les étranges haléfis.

Miniature IV (Ex-voto)

Oriels,

Vous haussés de pluie

en son déclive ballet d'eau

dansé sur les piédouches vieillis,

figurez

que se love

l'amoureux

languissamment,

derrière le carreau

qui fit autant d'éclats

que ses défauts permirent.

Miniature V (Balbutiant)

Tes yeux,

    couleur de lisière

        révélée d'un sombre nuage,

s'ébattent dans la tendre chimère

        de l'usagée confection glanée

        – arc-en-ciel en sa moire bruni –

    çà et là, par l'humble pilleraud

qui s'en retourne

chez lui.

                    Miniature VI

Non de réseaux

grossiers,

mais du pur organdi

conflagré d'un vin,

dans la gueule rubiconde

du passe-boule,

dorlote l'ahuri

papier mâché.

Miniature VII

D'eau, vasque amoureuse,

Et de ses flux moulurée,

Celant les jeux de l'oranda

Et du jeune cyprin,

Ceint le conciliabule des reflets.

Miniature VIII (Au bout de l'allée)

Sourde nèfle, et jaune,

La coupe d'airain résonne

De tes souvenirs.

Te souvient-il de l'indolente

Fleur qui te fit ?

Et te souvient-il du soleil

Attendri ?

Miniature IX (Message)

Les fleurs d'airain

    réfléchissent la nuit.

La route est bleue,

    le clocher soupire ;

Les lauriers-roses croulent sur

les tombes et embaument les

    caveaux.

                 Miniature X (Les Fleurs d'airain)

Gésine des gris, des pleurs...

Qu'ascendre à vous, d'inviolée réplétion,

m'emplisse doublement que d'abord ;

O tendre verdeur ! de qui, songée l'aile

frémissante, entrouvre l'immémorial cœur

de terre des corbeilles d'osier.

Miniature XI

Aparté : Clairière

Fanal est chaque onde du ruisseau,

Lumière le reflet et verrière l'eau.

Luis de Góngora

Nul besoin qu'autre écoulée :

    L'attente melliflue

Hors d'elle nubile admirant, ici diverse,

        là autre, fleurant bien étourdie,

qui se vêt d'eau

      le petit lit de jaspes.

...quadruplement éployé

      son flambeau croulant,

du noir papillon la ramée

    aux entendements fins de cendres,

flottant parmi virides et mousseuses cépées,

    ferle à mesure

      de brasier.

Haut de l'albe lunule,

faux d'alpages célestes,

indulgente pour qui se blesse,

sonore doucement,

au faîte le plus instruit d'un vent

– Ô langueur d'une sève

portée élyséenne -

l'amble alezan d'une fenière dispersée

au soir se récréant

d'emmailloter l'albâtre

du lacustre encensoir.

Ainsi langé le grenat musculeux

dans les jets verts d'eau fléchissants

que trémulante motilité adorne, adamantine,

et quelques recherches exultant,

par tant d'éclats,

sous le feu cyprin; s'anuite

Que diapre sanglée dans sa vasque

l'eau qui roucoule

en ses marges ;

eut d'elle-même

le voile vaguant tiré à mollir

épars la peau d'ombre de l'yeuse.

De l'aubier se résolve

jaillie la nue

qui avant d'élever la joue première,

parcourt l'herbe menue

jusqu'ouatant l'adossement lierreux

du chablis sur sa roche,

beaupré sur sa guibre.

Ô clarté !

   De songer las

        l'appétition !

que de rayons élusifs prélude,

  déchu du col dans le creux,

   la mate fragrance

     qui reçut exhaussé

        le feulement du prisme.

Ni ne dors mièvre

      falotier combien abstruse même

   son existence fut d'endurer

          des lucioles la confusion

     dans l'ingambe ortie ; l'augure

impénétrable.

Et c'est jour et c'est nuit !

Une désunion

– de par qui éclaire le

       déboire ambré

    sur l'alose rubiconde –

anfractueuse :

     l'Une et Seule.

Sibyllines

Murs de briques, bibliothèque !

Max Jacob

Ô vents vespéraux !

Qu'il fait bon fléchir dans vos bras...

Toute cime battue par le vol des phalènes,

je lofe et j'enfile votre vrille

et l'Indigo me reçoit.

Moi : je suis le sylphe cheveux de byssus !

je torsade mon torse, mon torse qui se torsade

dans un baiser d'épaules,

tel feu follet d'un colchique flotte parmi vos graminées

fait pleuvoir d'irrémédiables pendeloques en vous

Assouplis

jusqu'aux clapotements mats sur les élytres

de la mâture *Électricité*.

Bleu

À mesure d'énigme sempiternelle, il observe, qui sourd tout bas, le ruisselet d'eau froide et l'œil retranchant de côté, découvre ses veines –

Aussi, se voit-il irrigué enfin !

À lui les lèvres ! À lui les soifs !

Il ne lui fallut pour cela qu'un ruisselet d'eau froide.

L'écoulée

Dans une brasse esquissée

Bruissent les laits de mes draps ;

Je sais des nuits.

Des nuits – d'une lune faite pour

Être cueillie tout simplement –

La tête m'est ballante à la treille.

Le champagne des étoiles, à petits flots de sequin,

Dans les flûtes des bignones, s'insinue.

Béance dissolvante –

Une gueule déglutit des veines et des hémorragies :

L'étiologie est diurne.

Le raisin mûr, est.

Le raisin trop mûr, Est.

– Borborygmes éclos sur le sol... –

Et s'il n'Est pas !

Les baies noires sous leur fard de pruine

– Morts yeux

Ouverts

Se couvrant de poussière, –

Sont les yeux qui défont le défaire.

Je sais des nuits –

Ampleur

Le figuier lors même le cippe –

J'attends l'ambre gâté comme l'œil poché

Voit le soleil Dernier des mondes

J'attends – quelque flambée d'incontinence

Nu déjà,

M'électrifiant des stigmates à m'entre-déchirer – ,

Ma peau grimaçant de mortes pelures.

Tel bel homme, joues de vélin,

Aux creux de roulis ronceux

Repose,

Il lui sembla manger les mûres

Qui lui peignirent sa cyanose

Le marbre n'est qu'un beurre autrement long à fondre.

Tes corbeaux s'enjoignent, Hourvari dément

Marcescibles, c'est une Grâce !

Et tes orbites sont bientôt les emmanchures du néant.

Ombrage

Sur un météore, belvédère filant,

Je vais. Cocher des laves et des lumières

Je vais : ricocher sur les roches graves des cycliques éternités.

Nulle crainte ! Non. Nulle crainte ne saurait me retenir.

Une étreinte m'est interne ; inextinguiblement grée mon

Vaisseau pour l'Infini, sans autre aiguade que l'écume

Des nébuleuses.

Loin, loin... Que sais-je ? Qu'y a-t-il ?

Des cris de ciel chargeant un ébranlement,

Peut-être sous quelque voûte

Une pointe, une sève naissant de la démangeaison

De deux étoiles.

Pour sûr : rien, sinon l'ardeur d'un satyre à paître les cieux,

Pour qui chaque astre rayonnant est le baiser de Dieu.

Sur un météore...

Scaramouche et Pulcinella

Qu'un mauvais dessein rassembla

Gesticulent, noirs sur la lune.

Fantoches, Paul Verlaine

Lune sur l'étang,

Palimpseste sans cesse,

Trace tes enluminures,

Fais courir ton gibier d'argent...

Là-bas, sur la berge,

Vêtue de sa seule chevelure,

Une nymphe s'éplore.

Les ondes passent, fugitives flamberges,

Se fondent en échos ;

Sur cette berge,

Que sonde-t-elle ?

On ne sait trop...

Son œil se fait petit ; elle s'endort.

Sans doute, elle aura trop compulsé le parchemin

Des feuilles par le vent emporté.

Voici, traînant un long barbillon tel le paraphe

De billets tout épris,

Deux silures qui invitent à chausser l'eau.

« - Nos crampons, certes, balbutient

Et notre prise est un remous.

Mais nous filons ! jeunes et véloces, flèches,

Ficher un peu de chair dans l'air.

Dis, viendras-tu ? viendras-tu tapis-voler

Sur les langes de petit lait ?

Viendras-tu ? dis.

- Soit...

Mais qu'advient-il du flop interlope ?

Ogrillon ? troll ? farfadet ?

Portés aux délires de mal lunés !

Ont du courage

Sous de l'ombrage

C'est une fille !

Sous la charmille

Qui voudrait voir, cesser de sursoir.

Soit encore : j'en répondrai sous leurs chicots !

Une flambée dans le cœur m'est trop haute. »

S'ensuivrait une chasse où l'on ne démériterait pas ;

À louer l'effort de chacun :

Pieds menus et pattus pieds pour une folle course

Au débotté.

– S'ensuivrait encore ; c'est sans compter celui-là qui s'improvise

Thaumaturge de mots,

À agiter quelques artistiques décomptes,

Triste marotte, toujours une honte.

– Bah ! J'en répondrai aussi !

D'une fois il suffit.

Vétille mais béquille

Je vous laisse ceci

Et m'en vais me coucher.

Jamais potion si capiteuse

Ne sut mieux crucifier au ciel

Ces paisseurs de malice et de fiel ;

Il suffit d'étoiles débiteuses

D'alcools crépitant en vertes trilles,

Sur l'écru des roches callipyges

Que de hauts réverbères mitigent,

&

Ceci : « que ne suis-je une pastille... »

Gaillardise nocturne

Minuit les voûtes crépite dans le ciel.

Sous le mimosa,

Un couple s'étreint.

Des frissons courent... nonpareils,

Et des fièvres –

L'amant applique une bogue sur les lèvres chéries.

Juste labour ! Percée fine de l'Heure !

Moquons la duègne

Et sa chlorose

Finit son règne

Chantons la rose !

(Plus bas, plus bas...)

Maintenant,

C'est comme un murmure d'eau qui sourd d'entre les joncs ;

Un hérisson passe, peignant l'herbe fraîche et des orbes,

Débris d'un cocon de lune,

Dansent dans l'air de la nuit.

Sitôt parue, une floppée de lumignons meurt contre la bobèche

D'un nénuphar.

Ce sont là-bas des branles à faire crouler les réseaux chtoniens,

Des gueulées grondantes de chèvre-pieds, d'incubes

Et de gros lutins faisant bombance de fillettes !

L'œil fixe et poussiéreux des pruines noir-violette.

Allumées de faim, leurs dents déchirent leurs propres lèvres,

Et le sang, en rouges pendeloques, tinte aux ronces

De leurs barbes.

Ô Lune !

Ils sifflent ! Ils plastronnent !

C'est qu'ils briguent ton trône.

Ô toi !

Pupille Monde, Œil !

Veillant lorsque tout dort

Et quelque fois précédant

 – Paupière diaphane –

Dans les savanes du jour,

La Nuit dans ses coutures d'escogriffe.

Gaillardise nocturne (II)

Lèvres rossées

Je t'envoie des bogues

cueillies très tôt dans la matinée.

Sa vision – comme un petit coffret –

lardé de nielle. De gros nuages.

Un ciel grenat se prépare.

Une longanimité qui se sait nesciente,

par le filtre-mantille d'une vitre

d'automobile

contemple dans un vert de mante éteint,

la tristesse d'un cœur

rehaussé

d'un frémissement de larmes.

Route du soir

Auto,

Enfonce l'ombrage !

Enfonce !

Les cocons d'orties !

                    (raturent le

                              caveau)

Les halliers sont inquiétants.

Y dissimule...

quatre paires de dents,

la patibulaire mouvance

de chien errant...

Auto,

Enfonce l'ombrage !

                    enfonce ;

                    Auto,

                    lance !

                              Route inquiète

Melliflues retrouvailles

Non c'est après poèmes ; accouché :

melliflues relevailles

Qui donc pour ensoutaner

l'air de barbacole !

Commensale du trop pur brouillon,

la rimaille

compulse les remugles

des vieux flancs liégeux tout

becquetés de doigts.

C'est triste, vraiment.

Il faut déchausser

les autels, vraiment ?

C'est la colère qui parle

Non c'est la juste colère

« Combien de poèmes

clamés des zoïles

lui faudra-t-il

pour qu'il s'aime ? »

etc, etc...

Planter les guérites

Il y a bail à parier

Est-ce un prix ou un dernier protêt ?

Tout à fait je vous dirai

J'aime l'

aplustre doublement

labile

dans l'étui

d'un bupreste.

Et puis il y a des mots :

comme buccinateur, vertugadin ;

arcane par ailleurs.

Il y a aussi byssus.

Concours

Beurre et délaie ta lèvre.

Ce soir je veux parer ma lampe

d'un godron de chair rose

translucide

une lueur confit mes ratures

tout ce fricot de littérature

      giboyé par la gomme

de sorte que le D (de Dépit)

      fait un drôle de museau

          sur sa

          hure.

                Étude du soir

Morfil ! Ô mon fer agreste !

Je t'appliquerai comme un baume.

Me retrouverais-je

Pierrot lunaire

Qu'éborgné par la sveltesse

D'un rayon glaçant,

Je jouerais – gai, juste –

Du limonaire croupi,

Tendrement de pastels

Chamarré

Et bourré d'alcancies ;

Logis désormais

De deux freux noir-luisant,

Qui parfois s'envolent,

Barboter dans l'entrechat

Enrouillé des grillons.

Cirque sous la lune

Aparté : Après-midi

Mon petit [...] tend à la lumière du grossi soleil

son geste qui s'étourdit d'être du monde !...

René Ghil

Regard des sèves

Clémence du soleil...

La descente de lit altier fanon bovin

réussit un de ces fichus !

    L'enfant soliloque

      comme chiquant une vague songerie.

   La courte pointe mitée sert de toit à sa

               cabane : l'on s'y trouve

               comme sous une paupière

               de chat ronronnant

Émeraude

            quatre *J*eux mouillés !

L'arroi des

pouliches peluches

s'exhausse d'un CLAIR

jeu de percale

sentant bon le beurre qui grasseille

           dans son moule

« ...me tint à peu près ce langage »

            ce langage.. .   .   .   .

À l'heure du goûter,

le

                                    nez

                        plus limier

                        qu'autre limier

fourre son
                        nez
                                    dans les bocaux.

    Qu'y a-t-il au   bout

du   fil ?

– Et bien : une salade d'orties,

            des pousses d'aventure,

                tu sais de la bardane etc...,

                                    des griottes en dessert.

Et toi donc ? Tes joujoux acéphales ?

.   .   .   .

– Tu sais quelle tête imprimée d'air...

– Qu'y fouir de plus grand qu'un dessein d'enfant ?

– Je te laisse là.

– Quelles tâches ? Liste donc.

– Peindre, polir, mousser...

Agrestes

Le bonheur est eau profonde dans ton jardin.

Tristan Klingsor

Dodone – Ô Toi Jardin – Dodone lavée d'air ;

Sous le ciel,

À tous bras noirs frissonnantes

Sous le ciel,

Les ombelles se balancent.

Et quand il vient à sourdre,

L'arum au ruisselet confie sa caroncule

Il est une fenêtre des mondes quand il pleut :

Le soupirail oublié des maisons dévotes

Que je descelle aux glouglous.

Et que soit bafoué l'œil ! pour inciter un regard.

Allons par la grand-route

Ou par la petite sente

– Nu-pieds, saine préférence,

Faire mousser la bavette des prés –

Jusqu'à la blanche oliveraie

Où se dulcifie la plaie rouge d'un guidon

Qui suspend des bouts de chair pluviale.

Nous reviendrons : blancs comme linge à porter,

Des souplesses plein les pores ;

L'albâtre par un ciel de notes,

L'abrasion d'un miroir d'or.

(Les digitales s'égouttent ; voilà l'abeille qui vient

Étancher sa soif, comme un faune à l'outre).

Dodone

La neige fait des guimpes aux toits. L'hiver, à chaque branche,

ajoute en pendeloques. Par la grand-route, je vais, dans mes

souliers de frimas.

Je vais à l'étang – y faire ? Je vais à l'étang : j'arrive lorsque

deux patineurs guillochent la glace ; j'attends ; je veux sentir,

seul, l'onde incisée trancher presque les lignes de ma peau... Puis

m'en revenir, pris de froid, les pieds croquant le givre, sous les

pans d'hermine des girandoles nues.

Telle guenille réendosse l'immaculé barège,

La dernière des folioles tombe dans la neige.

Récidive

L'écrin bleu, bleu s'effiloche !

Ruché, traîne, falbala... fondus d'effervescence,

s'irriguent des derniers vaisseaux de phosphorescence.

Une fronce émerge ; une fronce, comme la gerçure sanglante qui

reçut la déliquescence d'un baume.

L'écrin bleu, bleu d'aristoloches !

Mais qu'enfin ! sur les marges d'écume,

la couperose d'une vessie

s'enlinceule dans le sable ;

L'écrin bleu, bleu aux roulis qui décochent !

La mort d'une méduse

Chapeauté de sa fidèle serre,

Le Jardin aux lestes vrilles

Vagabonde hors des clôtures dévolues.

Il contient de tout ce qu'enfante un jardin :

Choux, pois, vers, jeux...

Et escargots qui trouent de jeunes pousses

Comme la grêle troue les serres.

À son meuble chevet,

Un vieux chêne veille, haut et humble ;

En son sein des capricornes sommeillent.

Dans un coin – flanqué d'un angle vilain –

De tristes bâches froissent l'air.

L'air est plein d'attentes,

On dirait que toute la terre afflue sous le pas.

Pas un mot.

Seule l'ardente envie d'asséner l'ancre

Au fond de soi, l'écorcher vive, puis feindre de la panser

Avec ses propres pelures.

La foudre fondra bientôt, Ultime.

L'éclair prochain bat aux tempes.

Voilà que nous vient l'averse

Et ses yeux multiples.

Alors quoi ?! moussaillon des fonds chtoniens !

Glissons dans une goutte ! et des choses

Allons connaître jusqu'au Cœur.

Chapeauté de sa fidèle serre,

Le Jardin

L'air chaud comme une poix

verse les mines dans les mains.

Pour dîner : les fruits rouges et les agrumes régals d'eau,

les prunes, les figues et les pommes qui crissent

sous le couteau...

Un noir frelon

cogne son abdomen contre les lampions l'œil brouillé

de temps qui passe, cloques du talon agacées

POC !!

Il voudrait être rhapsode

mais des lies dans les yeux expectorent les

déliements de misère ; demain, les moro-colibris

feront une tétée de ce qui fut hier.

Soir d'été

Une ronde autour

d'un gros papier mâché

martèle le parquet vieilli et pansé

de démarcations rêches.

Le chant ! La peinturlure !

par le royaume des frêles structures !

De galettes numismate

Dans l'habit du rideau

froufroutent en toute hâte

les foisonnements d'oripeaux.

C'est notre bourrée à nous, c'est modeste,

mais il y a une buvette, ce piano – combien multi ganté

d'ADN ! – , des amis, et la fête à pas d'heure

À pas d'heure

Il faut bien écouter les petits...

Spectacle de fin d'année

Le plein air, vermeil aux cloches,

Court tout son jupon de miel

Traire du soleil les loches.

Ces vaisselles dans le ciel !

Nuage aux rondeurs de louches

Germent les carats des bouches

Et fuse Terre ! fuse Rire !

Comme un galop de gerbille...

L'amour – connais-tu sa mire ? –

Retourne l'œil comme bille.

Sabots niais

En une boucle de rotonde,

des oiseaux intriquaient leurs vols.

Couvert de mousse, le muret gris

faisait un pli, une plissure

suivant le contour du petit talus

où persiflait la jeune vipérine.

Les pavés vieux faisaient un chemin de

plaisir

à la rencontre

des digitales aux cent bouches

ouvertes, prêtes à délivrer

leur viatique d'or.

Ici, une brèche défie les crânes

de jeter un peu plus d'œil.

Les mains à l'appui...

Serait-ce donc une friche, simplement ?

Un ombrage ? un bocage ?

Verte rumeur

qui tisse le berceau de mon cœur.

Ciel gris, promenade...

Une mère

édente le sourire rond

des cosses ;

le jardin monte en neige

sa nature,

éclabousse les coins et

les bergères d'osier.

De petits doigts

courent sur la table,

plongent leur fines

phalanges dans les

kaléidoscopes des

bocaux ; filent le miel,

l'écoulent...

Goûter

Exquise verroterie !

Coquillages !

dans les rouleaux

comme dans un tarare.

Trouées les gouttières

sifflent comme des mirlitons

et aux pieds des pins,

le vent lasse des cothurnes

d'algues.

Tout exprès sont les cahutes

pour éprouver la mer.

Une componction accable.

Là-bas, les sillages font

des andains tourmentés.

                                 Bord de mer

Bribes et fragments

Toute blancheur est de la clarté réservée

André Gide

Perle sur le velours

Dais noir

L'Alcôve subodore

*

Menée du geste nu

Triplement

Effleure, palingénésique.

*

Ennui

Cendres blanches

Et chambranle coti.

*

Âcre pressure, liqueur de pommes...

Bouches, berceaux élus ;

Le raisin murmure, la treille chuchote.

J'eusse voulu dire eau pour dire volupté. Et les parèdres de la volupté : les fruits gorgés, les fleurs épanouies et les mousses virides.

Par chance, j'obtins des feuilles une froide rosée.

*

J'ai taché le lin blanc et vaporeux. Le vin rouge prestement glissé de sa prison de verre pour s'infiltrer dans l'embrasse des lèvres. Pampre, sève...

*

La pluie à l'ordre qu'elle abreuve : « les ombrages seront bientôt tous abolis ; l'heure décline, inexorablement. L'expectant univers, je le veux ce soir repu de chacune de mes gouttes, tressailli de frissons ».

Le fragile iris et la délicate clématite correspondent par abeilles. J'ai lu l'ombre bue par le soleil et j'ai franchi le ruisseau.

*

Les désirs de l'eau sont connus de la lumière. Récréé en l'infime jaillissement d'énigmes clartés, le trop pur soleil joint l'éclat à l'éclat ; s'injecte dans la chair lacustre.

*

Libres jeux de l'air, cime du pin.

L'essence des fleurs brûle sous le soleil.
L'ajonc qui blesse retient les vêtements, hèle la mer.

Adamantines jetées...

Quel transvasement de clémence !

Quand de la vasque éclose le soleil eût touché

L'universelle incontinence.

(Creuse et cave, la rumeur verte

du jardin soupire de

futures ressouvenances...)

*

Vide vase d'indigo,

Mûrs tympans de verre à vif,

Aveux de l'opalescence...

Je m'étonnai qu'une fusion donna une quintessence

de l'eau,

de son jaillissement

Le verre innervé de frissons semblait suspendre en sa

chair toute une vie maritime.

Rigoles, rafales !

Toutes à l'éternelle succion

des millénaires falaises...

Le papier mouillé, mis à sécher,

semble une fleur de ciste.

*

Le souvenir du lait affluait dans mes doigts. Je
portais la jatte en terre cuite, longtemps demeurée
vide, et l'hémérocalle se pencha sur ce qu'elle pensait
être une vasque.

*

Réverbérants sentiers...

Terre toute incluse dans le ciel

L'air trop rare et trop pur

blesse les poumons.

Grappes soupesées...

Combien de plaisirs parurent

De votre maturation !

Combien de désirs nourris

à l'ombre du pressoir !

(... profane senteur et viscérale)

*

(Palmes languides, fléchies jusqu'au sol...)

L'ombre fraîche tranquillise

le parfum des lauriers ;

les cassolettes brûlantes

s'assoupissent.

(Répit des arômes...)

Le reflet se révèle où son petit corps plonge dans l'eau.

Souvenir du fruit lésé...

Un pan de mur offre de l'ombre aux promeneurs assoiffés.

*

Céruléenne dans l'accueil ; souplesse,
La mince clôture éprouve le ciel
et goûte sa fraîcheur.

*

L'auloffée de toute chose est aujourd'hui : le ciel aspire à soi les cimes empourprées de soleil.

Terre malléable à merci,

j'emplissais mes mains de ta chair

et humais l'aération de tes pores.

*

Le soleil ajoure les feuillages,

la terre chauffée expire

(... vapeurs)

Fenouil, basilic

... souples aromates... tendres racines...

Les cosses des petits pois verdissent la peau

et s'amassent dessous les ongles.

Pluie stagnante bue par l'oubli...

népenthès... que je désirais...

Longtemps je demeurais à observer le petit corps séché d'une guêpe s'amalgamer au sol, ... longtemps...

Perméable terre, molle réception ! De toi furent mes premières voluptés !

L'élytre reposait dans son fourreau de poussière. Je le dégageai et le plongeai dans l'eau ; là, sa transparence ressuscitait, comme neuve, éclatante.

Ah ! plaisir des allées... Ombrages : redites des arbres, parfums : redites des sèves...

Brises, suppléantes fraîcheurs... murs blancs, recevez-les. Chaque pierre sait sa source, ressouvenue en elle-même, thésaurisée. Chaque fruit, son nutriment...

Flexibilité des rameaux, bourgeon... Je vous désirais : disert feuillage et plus que tout vous ! roche anfractueuse : cavités d'eau trop pure, clartés ; réseaux de blancheur polie, réceptacles...

Très avant dans la nuit

allusions du désir...

brûlants laconismes

jetés sur les galets humides.

Nos poings ont creusé des empreintes concaves.

Par volupté, dûment épars...

*

De la lumière,

les attouchements obliques

déploient le bosquet

alenti...

*

Ce qui n'est pas dit convient.

L'ineffable anthracite couve les lisières.

*

Surcroître d'air et s'exhausser d'oiseaux...

Vert mouillé le lange vigoureux

des nuages lésés,

emblave les hémisphères versicolores.

*

Les vagues qui se creusent sont autant de vases dans la mer. Vases de lumières, vases de pénombre, tour à tour. Des pics d'eau se dressent comme des peaux distendues ; on dirait qu'une immense main d'air tiraille les joues de l'océan.

Sous la lune, les traits de l'eau

se jardinent, fantastiquement.

Une porosité sourd, reçue à tout éclat,

triste et sublime,

comme une neige ancienne.

Chaque pas concède du souvenir

et où siffle le verglas, fut le pas.

Rêve et froid sont de léthargique parenté.

*

L'infixée statue de sel se meut en ajouts successifs portés par la mer. Ici, les sentiers vont selon le vent, lancés au hasard des halliers et des pelouses. Haies profondes, inextricables... un seul bruissement de vous m'eût offert la vie ! car je craignais ma seule présence.

Murmures foliés, tapissez pour longtemps le fond de mon âme, frais et verts sourires, signets de volucraires...

La Mer, la Mer...

Puissé-je y fondre chaque

belvédère.

Épilogue